誰でもわかる 和音のしくみ

♪ 末松 登 編著

楠 知子 監修

鳥影社

まえがき

　ピアノ等の鍵盤楽器を幼少の頃から指導者について習った方々は別として、独学で和声学を修得しようと思うと、目的に合った書物がなかなか見つからない状況が、ずっと続いていました。著名な音楽家であり、「実用和声学」の著者である中田喜直氏も、その巻頭で次のように述べておられます。

「日本で現在（2006）出版されている普通の和声学の本は、初歩者用と書いてあっても理解することが非常に難しいうえに、実際の音楽上で、直接にはほとんど実用にならない」

　私自身も、アンサンブルでボランティア演奏の活動をするための楽譜を用意するに当たり、和声学を学ぶ必要に迫られましたが、わかりやすい和声学の本を見つけることができず、まさに中田氏の指摘された通りの問題に突き当たりました。

　1927 年に出版された服部竜太郎著「西洋音楽研究十四講」が、たまたま我が家の書棚に残っていました。西洋音楽史に関する部分がこの書の多くを占めていますが、後半で音楽の理論や構成を扱っており、第十一講には楽典、第十二講には和声学の章があります。当時の古い文体のため読みづらくはあるが、熟読すると和声学の要点が大変よくまとめられているとの印象を受けました。

　同書のこの部分を、読み易い現代文に「翻訳」して出版すれば、独学で和声学を学ぼうとする多くの方々のお役に立つであろうと考え、実行することにしました。これが今回の出版に至る経緯です。

　記述に当たっては原文の意図を忠実に汲み取れるように努めましたが、理解しにくいと思われるところは、編者なりに補足し、あるいは説明を加えた部分があります (*) ので、その点はご了解をお願いします。

令和 2 年 1 月

　(*)　原典の著者が故人であるため、また著作権継承者も不明のため、この点につきご了解を得ることができませんでした。

目次

Ⅰ．音の名称

　音*には高さに応じて7通りの名称が与えられています。それは高さの順に次の通りです（* 厳密には楽音と言いますが、以下では音と記します）。

日本語	ハ	ニ	ホ	ヘ	ト	イ	ロ
英語	C	D	E	F	G	A	B
ドイツ語	C	D	E	F	G	A	H
フランス語	Do	Re	Mi	Fa	Sol	La	Si ＝イタリア語

（本書では英語の音名を用います）

　7番目の次の高さの音、すなわち8番目の音は、最初の音名に戻ります。8番目の音に至る音の一周期を**オクターブ**（オクターヴ octave）と呼びます。「オクターブ」はラテン語に由来し、八番目という意味です。

　なお、音楽用語および記号として次のように表示されます。

C	D	E	F	G	A	B
Ⅰ	Ⅱ	Ⅲ	Ⅳ	Ⅴ	Ⅵ	Ⅶ
主音	上主音	中音	下属音	属音	上属音	導音

Ⅱ．音　階

1. 長音階

　譜表の上で元の音から8番目の音は同じ名称の音で、前に記したように、この2つの音は1オクターブの関係にあります。物理的に言うと、後者（8番目の音）は元の音の2倍の振動数を有し、時間を隔てて聴くと同じような音に感じます。

　1オクターブの間は音の高さに関して12等分することができ、12等分さ

れた一単位を**半音**と言います。半音2個分が**全音**です。Cから次のCまでの1オクターブの間において、CからEまでの各音と、FからBまでの各音は、次の音との間(高さの差)が全音で、EとFの間とBとCの間だけは半音です。すなわち、C-D, D-E, F-G, G-A, A-Bの間は全音（2半音）、E-FとB-Cの間は半音です。

　これは、ピアノ等の鍵盤を見ると、よく分かります。白鍵の間に黒鍵がある部分とない部分があり、白鍵を挟んで黒鍵が2個並んでいる部分と、3個並んでいる部分とが見られます。前者の部分の左端の白鍵がC、右端の白鍵がE、そして後者の部分の左端の白鍵がF、右端の白鍵がBです。両者の間に二つの白鍵EとFが並んでいます。

　このように、1オクターブは5個の全音と2個の半音から成っています。これを次に譜表で示します（半音の部分を便宜上スラーで示しています）。

　このようにCから次のCまでの1オクターブの音階は、第3音と第4音の間と、第7音と第8音の間(図にはスラーで示した)が半音となっています。このような音階を**長音階** major scale と言います。大多数（7中5）の音の間が全音である音階は**全音階**と呼ばれ、1オクターブの間が12等分された、半音のみから成る音階は、**半音階**と呼ばれます。

　楽典では、長音階の夫々の音を次のように呼びます。

C　　D　　E　　F　　G　　A　　B

（ハ）（ニ）（ホ）（ヘ）（ト）（イ）（ロ）

主音　上主音　中音　下属音　属音　上属音　導音

　和声で特に重要なのは主音、下属音、属音です。

1-1 嬰種長音階

<u>ハ長調</u>

　C（ハ）を主音とする長音階は**ハ長調**の長音階と言います。ハ長調は、ピアノの鍵盤では全部の音が白鍵です。

　ハ長調の長音階は1オクターブを2群に分けることができます。C（ハ）で始まる第一の群（CDE-F）は、初めに2個の全音（C-D, D-E)があり、1個の半音（E-F）が続きます（このような単位は**イオニア旋法**(*) の四音音階に相当します）。第二の群（GAB-C）も第一の群と同様に、属音Gで始まる2個の全音（G-A,A-B）と、それに続く1個の半音（B-C）から成っています。

　(*)　イオニア旋法は教会旋法の一つ、第十一旋法と言われるもので、鍵盤楽器のCを基音とする長音階を用いるものです。

<u>ト長調</u>

　第二群のG（ト）を主音として、その上に長音階GABCDEFGを作ることを考えてみます。この場合にも第一の群（GABC）と第二の群（DEFG）に分けることができますが、第二の群（DEFG）は［全音＋全音＋半音］の配列でなく、［全音＋半音＋全音］の形になっています（譜例2段目）。

　ここで、もし第二群の 3 番目の F を半音上げれば、第一群と同じ音程の関係［全音＋全音＋半音］にすることができます（譜例 3 段目）。

　このようにすれば G（ト）を主音としてハ長調と同じ構造を有する長音階ができます。これは G（ト）を主音とする長調の音階ですから、**ト長調の長音階**と呼びます。ト長調の譜表では、ト音記号に続けて第 5 線の上に嬰(エイ)記号＃を記すことによって、F を半音上げることを示します。**嬰記号＃は変化記号**と言われるものの一つで、後に詳細に説明します。

二長調

　同様にして、ト長調の属音に相当する D（二）を主音として新たな全音階を作ることができます。ト長調で D（二）を主音とする長音階を作ると、第

一の群が DEFG、第二の群が ABCD となりますから、そのままでは第二群の配列が［全音＋半音＋全音］になります（譜例2段目）。

　先と同様に第二群の3番目の C を半音上げれば、［全音＋全音＋半音］の形にすることができます（譜例3段目）。これが**ニ長調**です。ニ長調の譜表では G（ト）[*]から4番目の音 C（ハ）の位置にも嬰記号＃を記し、C を半音上げることを示します。先頭の＃記号は合計2個となります。

　（* 元になったト長調の主音）

イ長調

　同様にして、ニ長調の属音に相当する A（イ）を主音とする新たな全音階を作ると、それは**イ長調**の長音階になります。譜表では D（ニ）[*]から4番目の G（ト）の位置に嬰記号＃を追加し、G（ト）を半音上げることを示しま

す。♯記号は3個になります。
（＊元になったニ長調の主音）

嬰種（♯系）長音階

　このようにして作られる長音階は全部で7種あり、それぞれ譜表で線上又は線間に嬰記号♯を記して表されます（**嬰種長音階**又は♯系長音階と呼ばれます）。

　　　　　　ト長調　ニ長調　イ長調　ホ長調　ロ長調　　嬰ヘ長調　嬰ハ長調

1-2 変種長音階

ヘ長調

　これに対し、譜表で線上又は線間に**変記号♭**を記して表される長音階があります（**変種長音階**と呼ばれます）。C（ハ）から下降（下行）する長音階を

作り、C（ハ）から下へ5番目の音（下属音）F（ヘ）を主音として新たな長音階を作ると、**ヘ長調**の長音階になります。

　上行の場合と同様に、下行する長音階を第一の群 C-BAG と第二の群 F-EDC に分けると、それらは共に［半音＋全音＋全音］の形になります。F（ヘ）を主音とする下行長音階を作ると、第一の群は F-EDC、第二の群は BAGF となりますから、そのままでは第二群の配列が［全音＋全音＋全音］になります。ここで第二群の先頭の B を半音下げれば、［半音＋全音＋全音］の形にすることができます（譜例3段目）。これがヘ長調の長音階です。

　譜表では主音 F（ヘ）から下へ5番目の音 B（ロ）の位置に**変記号♭**を記し、第二群 BAGF の先頭の B を半音下げることを示します（譜例4段目）。

変ロ長調

　同様に、ヘ長調の主音 F から下行する長音階において、主音から下へ5番目の音（下属音）Bb を主音とする新たな長音階 BbAGFEDCBb を作るこ

とができます（譜例2段目）。

　Bb を主音とする新たな下行長音階で第一群は BbAGF、第二群は EDCBb
となりますが、この第二群は［全音＋全音＋全音］の構造になっています。
これを第一群と同じ［半音＋全音＋全音］の構造にするには、E（ホ）の音
を半音下げることが必要になります（譜例3段目）。

　こうして作られたのが変ロ長調の長音階です。譜表で**変ロ長調**の長音階は、
B（ロ）だけでなく E（ホ）にも変記号♭を追加したものになります（変記
号♭が2個）。

変ホ長調、変イ長調、変ニ長調
　同様の手順を繰り返すと、**変ホ長調**（変記号♭3個）、**変イ長調**（変記号

♭4個）、**変ニ長調**（変記号♭5個）の各音階が順次できます。

変種長音階

　このようにして作られる全音階は全部で7種あり、いずれも譜表で線上又は線間に変記号♭を記して表されます（**変種長音階又は♭系長音階**と呼ばれています）。

　上行するハ長調長音階を完全五度*ずつ高めて順次得られる長音階が嬰種

（♯系）長音階であり、下行するハ長調長音階を完全五度*ずつ下げて順次得られる長音階が変種（♭系）長音階です（*第Ⅲ章 p.23 参照）。

　♯系も♭系も変化記号（♯, ♭）7個まで存在します。結局、長音階にはハ調を含めて全部で15種あることになります。

　これらのうち、♯系と♭系で主音が同じものが3組ありますが、変化記号の数の少ない方の呼び方が通常用いられます。

ロ長調　　　　　　変ハ長調

嬰ヘ長調　　　　　変ト長調

嬰ハ長調　　　　　変ニ長調

1-3 変化記号について

　以上述べたように、種々の調の長音階を作るのには半音上げる又は下げる必要があり、譜表では半音上げるときは嬰記号♯、半音下げるときは変記号♭を用いて表記します。嬰記号♯や変記号♭を**変化記号**と呼びます。調号としては音部記号の次に記されますが、曲の途中で半音上げ下げするときは、該当する音の前に記し、その効果は同じ小節中に限られます。

　半音高めた上に更に半音高めるときには、**重嬰記号** ✖ を用います。音符の前に重嬰記号を記すことにより、その音を二半音高めることを示します。

　半音下げた音を更に半音下げるときには、**重変記号** ♭♭ を用います。音符の前に重変記号があると、その音を二半音下げて奏することを意味します。

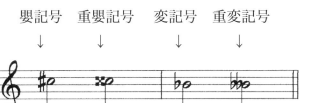

半音上げ又は下げた音を元に戻すときには**本位記号**を用います。

　重嬰記号又は重変記号に対しても、本位記号を用いて元の音に戻すことができます。重嬰記号又は重変記号の付いた音符の後の音符（同じ位置）に本位記号を付けたときは、前の音から二半音だけ戻る作用をします。

2. 短音階

2-1 短音階とは

　長音階のほかにもう一つの全音階があります。それは**短音階** minor scale です。短音階の基本になるのは、長音階と同様にピアノの白鍵だけで奏されて、イから始まるものです。イが主音になるから、**イ短調**の全音階です。

このイ短調の全音階は、第二音と第三音の間および第五音と第六音が半音 (*) になっています（それ以外は全音）。

(*) 譜例では半音を便宜上スラーで示しています。

長音階と短音階の主な違いは、最初の 3 個の音にあります。長音階では第一音 C（ハ）から第三音 E（ホ）までが半音 4 個（全音 2 個）ですが、短音階では第一音 A（イ）から第三音 C（ハ）までが半音 3 個（全音 1 個半）です。

2-2 和声的短音階

上に示したイ短調の全音階では、第七音 G（ト）と第八音 A（イ）の隔たりが全音になっています（便宜上半音をスラーで示します）。

全音階で第七音は導音と呼ばれ、隣接する第八音（主音）との間は半音であるのが原則です。イ短調の全音階で第七音 G に導音の特性をもたせるためには、第八音 A との距離を半音にする必要があります。そのためには、第七音を G でなく G♯にしなければなりません。このように修正した短音階は**和声的短音階**と呼ばれます。

（スラーは半音であることを示します。二重のスラーについては次の段落を参照）

このような修正を加えない元の短音階を**自然的短音階**と称し、第七音に修正を加えた短音階は和声上扱い易いことから和声的短音階と呼ばれ、近代の音楽ではこの形が最も多く用いられています。和声的短音階では第六音と第七音の間が半音 3 個（増二度）になっています（譜例では便宜上二重のスラーで示しています）。和声的短音階は「半音的短音階」と呼ばれることがあります。

2-3 旋律的短音階

　前述のように、和声的短音階では第六音Fと第七音G♯の間が半音3個（増二度）になっています。このような音程は不快に聴こえるので、第6音FもF♯にすることが必要になります。このように第6音と第7音に修正を加えた短音階は、**旋律的短音階**と呼ばれます。

　旋律的短音階において、第6音と第7音を半音上げる修正は上行のときだけで、下行のときには半音上げる修正は必要がありません。下行のときには第7音と第8音の間が全音であっても支障がないからです。「旋律的短音階」と呼ばれるのは、このように上行と下行で形が異なるためです。前述の和声的短音階では、上行と下行で形は変わりません。

　自然的短音階、旋律的短音階、和声的短音階を、まとめて示すと

(1) 自然的短音階

(2) 旋律的短音階

(3) 和声的短音階

　（自然的短音階は「全音階的短音階」と、旋律的短音階は「変化全音階的短音階」と、和声的短音階は「半音的短音階」と、それぞれ呼ばれることがあります）。短音階の三つの形式の中で実際に用いられるのは旋律的短音階と

和声的短音階で、自然的短音階はこれらの基本形です。

2-4 関係する音階

ハ長調と自然的短音階のイ短調を比べると、同じ音で構成されているが、主音が異なるだけです。このような関係にある音階は**関係している音階**と言います。イ短調はハ長調の関係短音階、ハ長調はイ短調の関係長音階に当ります。

長音階には各々対応する**関係短音階**があり、それは長音階より短三度（半音3個）下の音を起点としています。例えば、ニ長調の関係短音階はBから、変ホ長調の関係短音階はCから始まります。

一方、短音階には各々に対応する**関係長音階**があり、後者は元の短音階より短三度上の音から始まります。例えば、ヘ短調（ホ短調）〔ト短調〕の関係長音階はそれぞれ Ab (G) [Bb] から、嬰ハ短調の関係長音階はEから始まります。関係している長音階と短音階の調子記号は同じです。このような長音階と短音階は「**平行調の関係にある音階**」とも言われます[1]。

[1]『楽典　理論と実習』（音楽之友社）

短音階における変化記号は楽譜の最初でなく、曲途中で嬰記号、変記号等で示すことになっています。

　短音階の表記に際して、第六音、第七音を半音上下させるには次のような注意が必要です。例えば、調子記号が変記号♭であるとき、半音上げるためには本位記号♮を用いる必要があり、調子記号が嬰記号♯であるとき、さらに半音上げるためには重嬰記号✖を用いる必要があります。

　一つの長音階と一つの短音階の主音が同じであるとき、前者を**同主長音階**、後者を**同主短音階**と呼びます。ある長音階を同主短音階に変えるには、長音階の第三音と第六音をそれぞれ半音下げればよく、得られた短音階は和声的短音階です。これを旋律的短音階や自然的短音階に変えることもできます。

　ここまで、短音階の説明をイ短調の全音階の上で説明してきましたが、和声学では通常、ハ長調の同主短音階であるハ短調の全音階を用います。この場合、譜表の頭部には第三音、第六音、第七音に♭を記し、和声的短音階なら必要な個所に第七音に本位記号を、旋律的短音階なら必要な個所で第六音と第七音に本位記号を付けます。

2-5 調の名称

　ドイツ語の音名（全音階）は C, D, E, F, G, A, H で、B は英語音名の Bb を示します。ドイツ語名の H は英語音名での B に相当します。

　ドイツ語の音名では、ある音に嬰記号が付いたときには音名に is を加えます。変記号が付いたときには音名に es を加えて表示しますが、E の変音は Es、A の変音は As となります。

　　　Cis,　Dis,　Eis,　Fis,　Gis,　Ais,

　　　Ces,　Des　Es,　Fes,　Ges,　As,

　長調は主音の音名に **dur** を、短調は主音の音名に **moll** を付して示します。例えば、

［日本語］	［英語］	［ドイツ語］	［フランス語］
ヘ短調	F minor	f moll	Fa mineur
嬰ハ長調	C sharp major	Cis dur	Ut dièse majeur
変ホ長調	E flat major	Es dur	Mi bemol majeur

「音階」と「調」の区別は明確にしておく必要があります。「音階」とは一定の主音をもち、規定の様式に従って順に配列された音の列、「調」とは、特定の音階における音の高さの関係を保つように、複数の音が高さの順ではなく任意に配置される、一定の形式（原文では「色々に配列されたもの」）を言います。「ある曲は何調である」という風に用いられ、調は音階そのものではありません。

3. 半音階

　BとCの間、CとC#の間は半音ですが、古い時代に用いられた**純正律**ではBとCの間、CとC#の間では、音の高さの差（正しくは比）が物理学的に同一ではありませんでした。半音は次のような二つの群に分類され：

　　　　（第一群）　　B：C　　　　C#：D　　　　F ：Gb
　　　　（第二群）　　C：C#　　　Db：D　　　　A ：A#

第一群の場合の半音の差は**全音階的半音**と言い、振動数の比は 16/15 ですが、第二群の場合の半音の差は**半音階的半音**と言い、振動数の比 25/24 で、異なっていました。前者（全音階的半音）の振動数の比は後者（半音階的半音）より大きいので、それぞれ「長半音」「短半音」と呼ばれることもあります。

　しかしこれでは実際上余りにも不便なので、CとC#、Db(C#)とD、EとF、BとCの間の差がどれも同じになるようにした**平均律**が用いられるようになり、その1オクターブは 12 個の同等の半音で成り立っています。平均律での半音の振動数の比は2の十二乗根に相当します。

　このような、12 個の半音で作られる音階を**半音階 chromatic scale** と呼びます。半音階は 12 個の実用上同じ半音から成る、すなわち 13 個の音符から成ります。半音階は、それだけで曲が作られるという程の役割をもつものではなく、長音階や短音階の中に織り込まれて用いられるものです。

　半音階には**和声的半音階 harmonic chromatic scale** と**不定半音階**の二種があり、不定半音階は**旋律的半音階 melodic chromatic scale** とも呼ばれます。

　和声的半音階を次に示します。和声的半音階は下行でも変わりません。

ハ　変ニ　ニ　変ホ ホ　ヘ　嬰ヘ　ト　変イ イ　変ロ ロ　　ハ

　全音階に半音を組み込んで和声的半音階を得るためには、第四度 F と第五度 G の間以外、全て上の音に変記号を付けて作ります。第四度と第五度の間の半音だけは第四度 F を半音上げます。和声的半音階は、和声の上で最も取扱い易いため、このように呼ばれるのです。

　旋律的半音階は次のように表記されます。

ハ 嬰ハ ニ　嬰ニ ホ　ヘ　嬰ヘ ト　嬰ト イ　変ロ ロ　　ハ

ハ　ロ 変ロ イ　変イ ト　嬰ヘ ヘ　ホ 変ホ ニ　変ニ　　ハ

　上行の際には第六度と第七度の間の半音のみ七度を下げる以外は、半音を全て嬰音として表し、下行の際には第五度と第四度の間の半音のみ第四度を上げる（#）以外は、半音を全て変音として表します。ただし旋律的半音階の上行では Bb を A# で表すこともあります（全ての半音を嬰音で表記）。

　半音階の表記に際しては、変化記号について注意が必要です。例えば、変イ調の和声的半音階を作るとき、第二音＜変ロ＞は重変記号を用いて Bbb としなければなりません。

　表記の異なる 2 個の音符が鍵盤楽器上で同じ音であるとき、それらは互いにエンハーモニック enharmonic であると言われます。例えば、C# と Db、G# と Ab は、それぞれエンハーモニックであると言われ、曲の中で C# の

後で Db が記されるとき、エンハーモニックの変更であると言われます。

　Beethoven の「月光ソナタ」の第一楽章は 4 個の嬰記号を冠する嬰ハ短調で書かれ、第二楽章は 7 個の嬰記号を冠する嬰ハ長調であるけれども、5 個の変記号を用いて変ニ長調として表記されています。これはエンハーモニックの取り扱いをしていることに相当します。しかし、このようなエンハーモニックの変更が数小節の範囲に留まる場合には、わざわざ調号を改めないで、変化記号で表記して済ませるのが普通です。

「エンハーモニック」という語は、C# と Db のような 2 個の音符を含む音階をエンハーモニック音階と呼ぶというような用い方もあります。

III. 音　程

1. 全音階的音程

　音程とは二音間の差のことを言います。八度すなわち 1 オクターブ以内の音程を**単純音程**、八度を超えるものを**複合音程**と呼びます。

　複合音程のうち九度、十一度、十三度は特に和声の上で用いられます。十度、十二度等はオクターブに三度、五度等を付加したものなので、例えば十度は単に三度と、十二度は単に五度と、呼んでもよいのです（それは和音の上で三度、五度と同じ役割をもつからです）。

三度　　十度　　十七度

　単に楽譜上の距離（度数）による音程の表示は精密さに欠けます。例えば、CからDb、CからDは、どちらも「二度」ですが、二音の間の距離は同じではありません。それ故これらを区別するためには、音程はもっと精密な呼び方を必要とします。

　ハ長調の全音階ＣＤＥＦＧＡＢでＣからＤの間、ＧからＡの間は、二個の半音を含むので、このような音程は**長二度**と呼びます。一方、ＢからＣ、ＥからＦの間には一個の半音しか含まれないので、**短二度**と呼びます。

　同様に、三度には長三度と短三度があります。ＣからＥの間、ＦからＡの間のように４個の半音（２全音）から成る三度は**長三度**と呼ばれ、ＤからＦの間、ＥからＧの間、ＡからＣの間のように３個の半音から成る三度は**短三度**と呼ばれます。

　六度にも長六度と短六度があります。ＣからＡの間のように９個の半音（４個の全音と１個の半音）から成る六度は**長六度**と呼ばれ、ＥからＣの間のように８個の半音（３個の全音と２個の半音）から成る六度は**短六度**と呼ばれます。

　七度にも長七度と短七度があり、Ｃから高いＢまでのように11個の半音から成る七度は**長七度**と呼ばれ、Ｄから上のＣまでのように10個の半音から成る七度は**短七度**と呼ばれます。

　長音階で主音から数えて四度、五度、八度の音程は「完全」と表現されます。長音階の四度は、一つの例外を除き５個の半音で構成され、**完全四度**と呼ばれます。例外とはＦからＢへの四度で、６個の半音から成ります。この四度は完全四度より半音一個だけ大きい（広い）ので、**増四度** augmentcd fourth と呼ばれます。

　増四度は６個の半音即ち３全音から成ることから tritone とも呼ばれます。

　長音階の五度は、一つの例外を除いて７個の半音から成っていて、**完全五**

度と呼ばれます。一つの例外とはＢから上のＦへの五度で、6 個の半音（全音 2 ＋半音 2）から成り、完全五度より 1 半音狭いので**減五度** diminished fifth と呼ばれます。

「ＢからＦまで」とは、導音から下属音までに相当します。増四度もＦからＢまで、すなわち下属音から導音までに相当します。すなわち、増四度と減五度は長音階で一か所、下属音と導音の間だけに現れ、それ以外にはありません。

全音階的音程を総括すると

二度：	短二度	長二度	四度：完全四度　増四度
三度：	短三度	長三度	五度：完全五度　減五度
六度：	短六度	長六度	
七度：	短七度	長七度	

2. 半音階的音程

　全音階的音程（前節）のいずれかの音符を半音だけ上げるか下げるかすると、**半音階的音程**が得られます。上方の音を半音上げる、又は下方の音を半音下げると、その間に**増音程**が得られ、下方の音を半音上げる、又は上方の音を半音下げると、その間に**減音程**が得られます。

　長音程または完全音程に半音加えると増音程になり、短音程または完全音程を半音減らすと減音程になります。

　全音階的音程では下属音と導音の間のみに増音程又は減音程が生じると述べましたが、それ以外に存在する増音程又は減音程は全て半音階的音程となります。

　理論上は、どの音程も増音程又は減音程にすることができますが、和声の上で用いるのは次のものに限られています。

	二 度	三 度	四 度	五 度	六 度	七 度
（増）	増二度		増四度	増五度	増六度	
（減）		減三度	減四度	減五度		減七度

3. 音程の転回

　二つの音のうち低い方の音を上に、または高い方の音を下に移すことを、音程の**転回**（inversion）と呼びます。

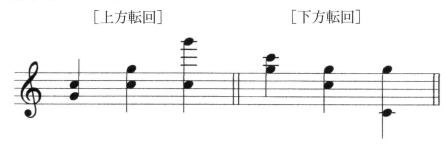

　転回をしたとき、転回後の音程の度数は 9 から元の音程の度数を差し引いた数になります。

例えば、

　　　三度　転回後→　六度
　　　四度　転回後→　五度

　長音程は転回すると短音程に、短音程は転回すると長音程に、増音程は転回すると減音程に、減音程は転回すると増音程になります。しかし、完全音程は転回しても完全音程のままであって、性質が変わりません。例えば、

IV. 音の物理学

　音階や音程の基本となる楽音に関する理論を扱う学問が**音響学** acoustics です。この名はギリシャ語の「われ聴く」akouo が起原になっています。

　ピアノの鍵盤の中央のハの音は、1 秒間に 256 の振動から生じる音の高さとされています。その 2 倍の振動数 512Hz の音が 1 オクターブ上のハの音、半分の振動数 128Hz の音が 1 オクターブ下のハの音です。音楽で用いられる最低の音は 16Hz の音で、256Hz のハ音の 4 オクターブ下に相当し、この音は長さ 32ft（約 10m）のパイプを持つオルガンでしか奏することができません。音楽上の最高音は、4000 ないし 5000IIz の振動数をもつピッコロやピアノの最高音です。

　ピアノの鍵盤の中央のハの振動数 256Hz は哲学的基準と呼ばれており、実用上の基準ではありません。20 世紀初頭のイギリスでは 264Hz、フラン

ス等欧州では 261Hz を実用上の基準としていました。

現代では 1953 年 ISO によって、ピアノの鍵盤の中央近くの A の音を 440Hz とする国際的基準が制定され、各国でそれに近い**基準振動数**（周波数）が実用上の基準として用いられています。

V. 和　音

1. 和音とは

二つの音を同時に奏したとき、よく調和して聴こえるとき**協和音**、そのような音程を**協和音程**と言います。協和音程には三種あり、完全五度、完全八度は**完全協和音程**、完全四度は**中協和音程**、長三度、短三度、長六度、短六度は**不完全協和音程**と、それぞれ呼ばれます。不完全協和音程と呼ばれる理由は、調和の感を与えはするけれど、安定感に欠けるからです。

長二度、短二度、長七度、短七度、そして全ての増音程と減音程は、それ自身では不快感を与える故、不協和音と言い、そのような音程を**不協和音程**と言います。不協和音は、その後に協和音を奏すれば安定感を得られ、これを不協和音の**解決**と言います。例えば

[長二度] [短三度]　　　 [増四度] [短六度]　　　　 [短七度] [長六度]

VI. 和声の理論

1. 基本和音

同時に奏される複数の音の結合を**和音 chord** と言います。和音の時間的連結を**和声 harmony** と言います。和音の構造や、和音の時間的関係（和音の進行）等を論ずる学問が**和声学**です。

三度の音程の和音を二重に重ねた和音を**三和音**と言います。例えば、C-Eの上にE-Gを重ねた和音ＣＥＧは、代表的な三和音です。この例で土台になっているＣ音を**根音**と呼びます。三和音において、根音から最も上の音までの音程が完全五度である和音を**基本和音**と言います。

　例えば、次の二つの三和音の場合

　　　　（イ)ＣＥＧ　　（ロ)ＡＣＥ

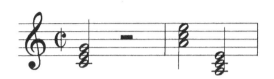

　（イ）のように根音Ｃとその上のＥの間が長三度であるとき、**長三和音**と呼びます。一方、（ロ）ではＡとＣの間が短三度ですから、**短三和音**と呼びます。いずれの場合も、根音の三度上の音は**第三音**、三和音の最高音は**第五音**と呼びます。

1-1 長音階上の基本和音

　長音階の上では、Ｂ以外のすべての音を根音として、6種の基本和音を作ることができます。6種の基本和音のうち三つは長三和音（長調）、三つは短三和音（短調）です。

　基本長三和音は次の三つです。

　　　　　　C-E-G　　　　　F-A-C　　　　G-B-D

　基本短三和音は次の三つです。

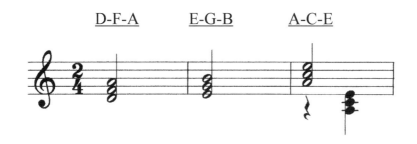

これらのうち E-G-B は余り用いられません。

　B を根音とする三和音 B-D-F は、根音と最高音との音程が減五度（半音
＋全音＋全音＋半音＝6半音）であることから、**減三和音**と呼ばれます。

1-2 和声的短音階上の基本和音

　和声的短音階 C-D-Eb-F-G-Ab-B の上でも、短調および長調の和音を作る
ことができます。

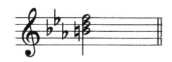

　これらの和音のうち基本和音は、主音 C、下属音 F、属音 G、および Ab（上
属音）を各々根音とする4種です。

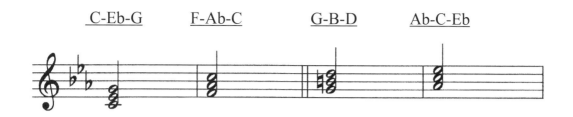

C-Eb-G　　　F-Ab-C　　　G-B-D　　　Ab-C-Eb

これらのうち G-B-D と Ab-C-Eb は、短音階上であっても長三和音です。

和声的短音階上の三和音7種のうち、第二度音 D 上の三和音 D-F-Ab と、導音 B 上の三和音 B-D-F とは、根音と第五音との幅（音程）が減五度であり、完全五度ではないので、基本和音ではありません。また、第三音 Eb 上の和音 Eb-G-B は Eb と B の間の音程が増五度（完全五度より半音大きい）になっていますから、これも基本和音に含まれません。

D-F-Ab　　　　　B-D-F　　　　　Eb-G-B

1-3 音の重複と省略

4声部で三和音を奏するには、いずれかの音を重ねて奏することが必要になります。これを音の**重複**と言います。音の重複については、留意しなければならない規則があります。

1) 根音を重複するのが最も好ましい。
2) 第五音（根音の五度上）を重複するのが次善。
3) 短三和音では第三音（根音の三度上）を重複してもよい。

［根音重複の例］

［第五音重複の例］

[第三音重複の例]

　長三和音では、第三音（根音の三度上）を重複しない方がよいのですが、必要な場合には重複が許されます。長音階の第七音（導音）B は重複してはいけません（例えば、G-B-D の B の重複）。

　三和音のうち一音を省略する場合には、第三音は省略しない方がよい。第三音を省略すると、その和音の長短が区別できなくなるからです。

1-4 密集と開離

　例えば、四声部の上部の三音（ソプラノ、アルト、テノール）が接近して1オクターブ以下のとき「**密集**した状態」と言い、1オクターブより大きく離れているときは「**開離**の状態」と言います[2]。低音部は開離に、高音部では密集にする方が、よい響きが得られます（低音部で倍音に富むピアノ等の場合）。

　[2] 『和声 1』島岡譲ほか著（音楽之友社）

2. 和音の進行（その一）

　和音の進行（時間的移行）については、考慮しなければならないことが多くあります。

　個別の音（音符）の時間的進行には三種類あります。

　（1）　**並進行**　二音が同じ方向（上行又は下行）に動く

　（2）　**反進行**　二音が反対方向に動く

　（3）　**斜進行**　二音の一方だけが動き、一方は同じ高さを保つ（静止）

並進行　　　　　　反進行　　　　　　斜進行

　和音が連続するとき、これら三種の進行が入り交じっているようにするのが望ましく、そして相前後する和音が共通の音を持っていると好都合なことが多いのです。例えば、

C-E-<u>G</u> → B-D-<u>G</u>　　　　<u>F-A</u>-C → <u>F-A</u>-D　　　　E-<u>G-B</u> → D-<u>G-B</u>

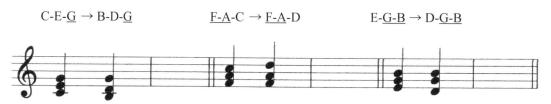

　和音の進行に際して、音の大きな跳躍はなるべくしないように（例えば五度以上）。特に長調短調いずれでも、増四度の進行をしてはなりません。

　各声部の間で音が交叉するような進行はしないようにします。そして、次の和音の高音が前の和音の低音よりも下に行くとか、次の和音の低音が前の和音の高音より上に行くような進行は、避けなくてはなりません。

2-1 連続五度の禁止

　二音が並進行（ともに上行又は下行）するとき、完全五度の隔たりを保ったまま進行してはなりません。これは**連続五度**、あるいは五度並行の進行と言われる禁則です。

　ただし、相前後する二つの和音の間で、対応する音の進行（例えば根音から根音へ、第五音から第五音へ）に関しての禁則ですから、異なる声部の間では連続五度になっても構いません。例えば、

高音部	ソプラノ	C → B	
	アルト	E → D	（下行）
低音部	テノール	G → G	（並進行）
	バス	C → G	（下行）

　この進行は許容されます。なぜなら、バスのCとテノールのGの間は五度、テノールのGとアルトのDの間も五度ですが、前後の音の属する声部が異なっているからです。

同じ音が連続するときは、五度の隔たりが続いても禁則の対象になりません。例えば、

連続五度の禁止は、かつての和声学で有力なものでしたが、近代になると軽視されるようになり、無視した作品も見られます。しかし、和声学の基本として銘記しておくのがよいでしょう。

2-2 隠伏五度と隠伏八度

連続五度とともに重要な禁則があります、それは隠伏五度と隠伏八度です。連続五度は異なる声部の間で常に生じる問題ですが、隠伏五度および隠伏八度には該当する声部の限定があります。

四部和声でソプラノとバスを**外声**と呼び、アルトとテナーは**内声**と呼びます。隠伏五度および隠伏八度は、外声の間で起きる問題です。

二音がそれぞれ並進行した結果、五度（または八度）の音程に到達するとき、**隠伏五度**（または八度）の進行と言い、外声に関して、このような進行が禁止されています。何故なら、五度又は八度の音程が前の音よりも強い響きをもつため、不快な印象を与えるからです。

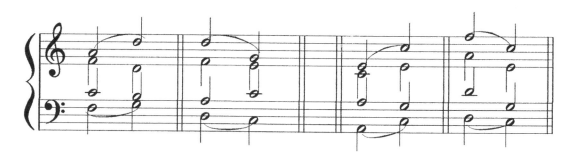

二音が斜進行する場合及び反進行する場合には、進行後に五度または八度の音程になってもかまいません。隠伏五度（八度）は**並達五度（八度）**あるいは**直行五度（八度）**と言われることもあります。

この禁則には更に例外があります。上の音が二度しか動かない場合には、下記の条件を満たせば五度（または八度）に進行してもよいのです。

1) 外声が主音 C を根音とする和音（I の和音）から属音 G 上の和音（V の和音）へ移行するとき、

2) 属音 G 上の和音（V）から主音 C 上の和音（I）へ進行するとき、

3) 主音 C 上の和音（I）から下属音 F 上の和音（IV）へ進行するとき、

4) 下属音 F 上の和音（IV）から主音 C 上の和音（I）へ進行するとき、

いずれでも、上の音（第五音とは限りません*）が二度しか動かない場合に限り五度（または八度）への進行が許されます。

（*和音の転回の項を参照）

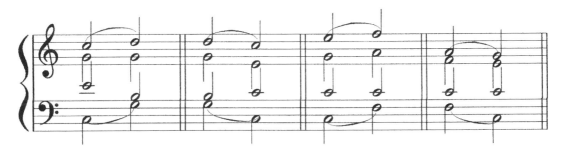

2-3 増音程・減音程の進行

連続五度や隠伏五度・八度は声部の間で音の進行に関して起こる問題ですが、個々の声部の中でも音の進行についての制約があります。

増音程の進行

どの声部についても増音程での進行をしてはなりません。例えば、次の例の（一）ではアルトが F から上の B に上行し、増四度の進行をしているので、よくありません。（二）に示すように、後の和音を変えないように声部間で音を入れ替えれば、アルトは短三度の進行となり、問題は解消します。

（一）　　　　　　　　　（二）

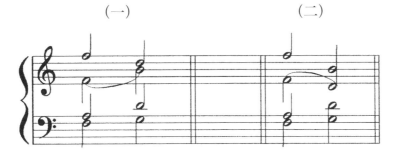

減音程の進行

　減音程の進行についても配慮が必要です。第一の音から第二の音へ減音程
の進行をしたときには、その減音程の中に位置する音に戻るように、次の第
三の音を配置します。例えば、F から B へ減五度の下行をした後は、その間
にある C に来るようにします。

3. 和音の転回

　和音の**転回**とは、ある和音の根音と第三音をそれぞれ上に移して、第三音
あるいは第五音を最低音にすることを言います（例えば和音 C-E-G《ドミソ》
を E-G-C《ミソド》に、あるいは G-C-E《ソドミ》に、変形する）。

C-E-G　　　E-G-C　　　G-C-E

3-1 長調和音の第一転回

　長調の基本和音の根音を第五音より上に移して、第三音を最低音にするこ
とを、長調和音の**第一転回**と言います。さらに第三音も上に移して、元の第
五音を最低音にすることを**第二転回**と言います。例えば、和音 C-E-G（ドミソ）
を E-G-C（ミソド）に変形することは第一転回に相当し、G-C-E（ソドミ）
に変形することは第二転回に相当します。

　第一転回をすると、最も高い音になった根音は、最低音となった第三音か
ら六度高くなります。転回前の第五音は最低音（第三音）から三度上になる
ので、第一転回形は $\frac{6}{3}$（三六）の和音、あるいは 3 を略して「**六の和音**」と
呼ばれます。例えば、第一転回形の和音 E-G-C では E と G の間が三度、E
と C の間は六度になっています。

長調の全ての基本和音（C-E-G、D-F-A、E-G-B、F-A-C、G-B-D、A-C-E）と減三和音（B-D-F）について、第一転回形を作ることが可能です。第一転回形でも音の重複が可能で、基本形の場合と同様の要件が適用されます。

3-2 長調和音の第二転回

　第二転回では、基本形の第五音を最低音にし、その四度上に元の根音を、さらにその三度上に元の第三音を配します。最も上になる第三音は、最低音（元の第五音）の六度上に当たります。それ故、この第二転回形は**四六の和音**と呼ばれます。例えば、和音 C-E-G（ドミソ）の第二転回形の和音は G-C-E（ソドミ）で、G と C の間が四度、G と E の間は六度になっています。

　第二転回を用いてよいのは、主音（C）、属音（G）、又は下属音（F）を根音とする基本和音だけです（上の譜例の三つ）。中でも、属音（G）を最低音とする基本和音 G-C-E が最も多く用いられ、特に完全終止の直前で多く用いられます。第二転回形でも音の重複が可能で、最低音すなわち第五音を重複するのがよいとされます。

　第二転回形は、基本形が長調であるにも拘らず、不協和音の性格を有するので、取り扱いには注意が必要です。

　望ましいのは、例えば

i　第二転回形の前に来る和音は、最低音が同じ音か、少なくとも余り跳躍しない音であること。最低音の急な動きを嫌うのです。

ii　先行する和音が基本形なら、最低音が跳躍することも可能です。例えば、D（基本形の）からG（第二転回形の）への進行は許されます。

iii　第一転回形の和音から第二転回形に進行するときは、最低音を二度より大きく跳躍させてはなりません。最低音が同じ音でなくても、例えばFまたはAからGに順次進行するのは差し支えありません。

iv　第二転回形の後に来る和音は、最低音が同じか、2度上又は下でなくてはなりません。

上記 i 、iii、ivの例を図に示します。

ⅰの例

ⅲの例

ⅳの例

3-3 数字付和音

　　低音部の譜表に数字を記してあることがあります。これはベース音に対しどのような和音が適用されるかを示すためです。特に古典の楽譜では常用されています。このような和音の表記を**数字付和音**と呼びます。前述のように、第一転回の和音は$\frac{6}{3}$（三六）あるいは単に「6」と表示し、**三六の和音**と呼ばれます。

基本形は数字付和音で表記すると $\frac{5}{3}$（三五）ですが、多くの場合「3」を省略して、単に「5」と表記されるか、それ自体表記を省略することが多いのです。3 又は 5 の音に変化記号（# 又は b）が付いているときには、省略せずに変化記号を付けて記します。第二転回形の数字 4 または 6 の音についても同様です。和音の全ての音が記されてなくても奏者は、この数字に従って和音を付けて演奏する約束になっています[3]（例えば「三六」のように）。

[3] 『新しい和声』林達也著（アルテスパブリッシング）

3-4 短調和音の第一転回

短音階上の基本和音も、問題なく第一転回ができます。例えば

［基本形→第一転回］ ［基本形→第一転回］ ［基本形→第一転回］
C-Eb-G　　Eb-G-C　　F-Ab-C　　Ab-C-F　　G-B-D　　B-D-G

［基本形→第一転回］
Ab-C-Eb　　C-Eb-Ab

（第三例と第四例の和音は短音階上の和音ですが、長三和音です）

短調の減三和音も第一転回ができます。すなわち、D 上の三和音 D-F-Ab と、導音 B 上の三和音 B-D-F について、下記のように第一転回形を作ることができます。

[基本形]　→　[第一転回]　　[基本形]　→　[第一転回]
D-F-Ab　　　　F-Ab-D　　　　B-D-F　　　　D-F-B

増五度の三和音 Eb-G-B は、第一転回（G-B-Eb）できません。

3-5 短調和音の第二転回

短調（ハ短調）で第二転回が適用できるのは、主音 C、属音 G、下属音 F の上の三和音に対してだけです。すなわち、

[基本形→第二転回] [基本形→第二転回] [基本形→第二転回]
C-Eb-G　　G-C-Eb　　G-B-D　　D-G-B　　F-Ab-C　　C-F-Ab

イ短調で表記する場合には、A, E, D を根音とする三和音がこれに相当し、第二転回が許されます。

[基本形→第二転回]　　　[基本形→第二転回]　　　[基本形→第二転回]
A-C-E　　　E-A-C　　　E-G#-B　　B-E-G#　　　D-F-A　　　A-D-F

なお、ここまでの譜例では転回形全てについて、最低音以外の音を基本形
での高さの順に記していますが、最低音以外の音の高さの順は必要に応じて
変更することができます。基本形でも同様です。例えば、

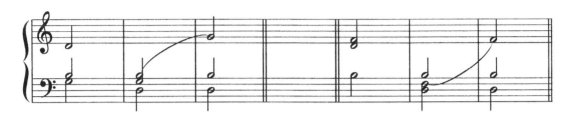

　これは、和音は複合音程でも成り立つからです。

4. 属七の和音

　三和音の最高音（第五音）の上に、さらに三度上の音を加えると**七の和音**
が得られます。長調では、例えば

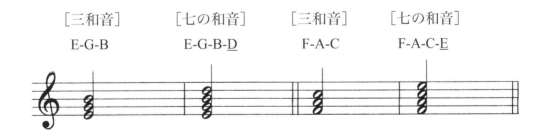

七の和音の中で最も重要なのは属音上の和音 G-B-D-F で、**属七の和音**と呼ばれるものです。それ故、この属七の和音について特に詳しく論じます。

4-1 長調の属七の和音

属七の和音は、属三和音（根音が属音）の上に短三度の音を重ねて得られます。それ故、属七の和音は属音（G）を根音とし、根音に対して長三度（B）、完全五度（G）、短七度（F）の各音で構成されています。根音に対して長三度の音は導音です。

属七の和音は属三和音と性質が大きく異なっています。それは、三和音は全ての音が互いに協和していますが、属七の和音は根音と第七音（根音から七度の音）の間が不協和、第三音（根音から三度の音）と第七音（七度の音）の間も不協和（減五度）になっているからです。このような不協和に対しては**解決**という取扱いが必要になります（註参照）

［音の重複］

四部の和声については音の重複を必要としませんが、第五音 D を省略して根音 G を重複することは可能です。しかし第三音 B と第七音 F は不協和音であるため、いずれも重複することはできません。

［音の省略］

音を省略してよいのは第五音 D だけで、第三音 B と第七音 F は属七の和音の必須の要素ですから省略できません（根音はもちろんです）。

> 註　解決とは、不安定な不協和音程から安定感のある協和音程へ導くことにより、和声的な安堵感を得ること、又はそのための旋律的な運用を言います。

4-2 属七の和音の解決

属七の和音だけでなく全ての不協和音は、それが解決される後続の音（又は、そのオクターブ上か下の音）へ進むとき、並進行をしてはなりません。第三音と第七音が不協和である属七の和音では、それらは次の和音に向かって緩やかに進行し、第三音は 2 度上へ、第七音は 2 度下へ進むようにします。

属七の和音の解決には、後続の和音として主三和音が最も普通に用いられます。主三和音に進むとき、第三音は 2 度上へ、第七音は 2 度下へ進ませますが、根音は 4 度上または 5 度下へ進むようにし、第五音は次の和音の根音又は第三音へ進むようにします。こうすることにより、連続五度や隠伏

八度を避けることができます。例えば、

[次の音]

第三音Bは2度上のCへ、第七音Fは2度下のEへ、根音Gは5度下のC（低音部）へ、第五音Dは後続の根音C（高音部）へ、夫々進んでいます。

　主三和音への進行でも、次の例のような進行をさせると、隠伏八度が起こります。

[次の音]

　この例では、第七音Fが下行してE（高音部）に進み、根音Gも下行してE（低音部）に進んでおり、その結果隠伏八度になっています。このような進行をさせてはいけません。

　一般的なもう一つの解決の仕方は、VIの三和音（A-C-E）への進行です。この場合も、第七音FはEへ2度下行、第三音はC（低音部）へ2度上行させます。根音Gは次の根音Aに、第五音DはC（高音部）に進んでいます。

[次の音]

4-3 属七の和音の転回とその解決

　属七の和音は4個の音から成るので、3回の転回が可能です。例えば、和音（ア）は第一転回で（イ）、第二転回で（ウ）、第三転回で（エ）のようになります（上の段はハ長調、下の段はト長調）。

　　　（ア）基本形　　　（イ）第一転回　　　（ウ）第二転回　　　（エ）第三転回

　転回形についても第三音と第七音には特に注意が必要です。第三音と第七音は互いに不協和音（減五度又は増四度）だからです。

第一転回

　G-B-D-F の第一転回形では導音 B が最低音になり、転回された元の根音 G は、この最低音 B から六度上に相当します。属七和音の第一転回形は最低音から三度、五度、六度の各音程で構成されます。

　数字付和音では $\begin{smallmatrix}6\\5\\3\end{smallmatrix}$ となりますが、3 は変化記号が付くとき以外は省略され、**五六の和音**と呼ばれます。

　五六の和音は、主三和音によって解決されることが通例です。次の和音に進むとき、元の属七和音では第三音は二度上へ、第七音は二度下へ進行しなければなりませんでしたが（前述）、第一転回形でも最低音 B（元の第三音）は二度上へ、第五音 F（元の第七音）は二度下へ進行するようにします。

<u>第二転回</u>

　属七の和音 G-B-D-F の第二転回形 D-F-G-B では、最低音が D で、元の根音 G と第三音 B は移動（転回）して、低音 D から四度と六度になっています。数字音符では $\begin{smallmatrix}6\\4\\3\end{smallmatrix}$ と表示されますが、$\frac{4}{3}$ と略記されることが多いため、第二転回形は**三四の和音**と呼ばれます。

　三四の和音(第二転回形)D-F-G-B は、その根音 G の位置(低音 D から四度)に何れかの音を有する主和音（Ⅰ）に進むことにより、解決するのが通例です（譜例に示す）。その他に、根音の位置（低音から四度）に第五音が位置する主和音の第一転回形での解決もあります。

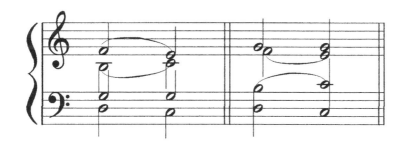

<u>第三転回</u>

　属七の和音 G-B-D-F の第三転回形 F-G-B-D では、最低音が F で、根音はその二度上、第三音が四度上、第五音が六度上に、それぞれ位置しています。数字付和音では $\begin{smallmatrix}6\\4\\2\end{smallmatrix}$ と表示されますが、$\frac{4}{2}$ と略記されることが多く、属七の和音の第三転回形は**二四の和音**（あるいは略して**二の和音**）と呼ばれます。二四の（二の）和音の解決には通常、主和音の第一転回 E-G-C が用いられます。

4-4 短調の属七の和音

　長調の場合と同様に、属基本和音の上にさらに三度の音程を付加して作られます。

　短調（和声的短音階）の属七基本和音 G-B-D-F は、第三音が導音になっていることは長調の場合と同様（調にかかわらず）ですから、音の重複、転回、解決について長調の G-B-D-F と同じ規則が適用されます。基本形と各転回形は次の通りです。

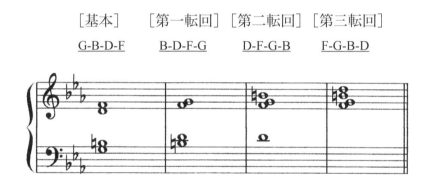

　基本形及び各転回形の解決の例を次に示します。

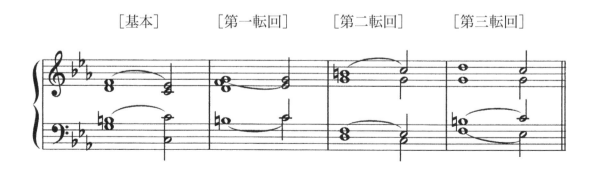

5. 属七以外の七の和音

属七以外の七の和音、すなわち属音以外を根音とする七の和音は、**副七の和音**と呼ばれます。長調では根音 C, D, E, F のものが、短調では根音が D, Eb のものが、各々用いられています。

D を根音とするものが多用され、特に完全終止の前に多く用いられます。例えば、

副七の和音では、不協和音である第七音について注意を要します。それは、第七音と同じ音が、先行する和音の同じ声部に協和音として含まれていなければならないことです（**予備または準備**といいます）。例えば、

［先行和音］［副七和音］　（根音 D と第七音 C が不協和)

5-1 副七の和音の転回

三通りの転回のうち第一転回と第三転回だけが用いられます。第二転回は用いられません。第一転回では第三音が最低音になり、第三転回では第七音が最低音になります。例えば

［基本］	［第一転回］	［第三転回］
D̲-F-A-C	F-A-C-D̲	C-D̲-F-A
E̲-G-B-D	G-B-D-E̲	D-E̲-G-B
F̲-A-C-E	A-C-E-F̲	E-F̲-A-C
C̲-E-G-B	E-G-B-C̲	B-C̲-E-G
D̲-F-Ab-C	F-Ab-C-D̲	C-D̲-F-Ab
Eb̲-G-Bb-D	G-Bb-D-Eb̲	D-Eb̲-G-Bb

第一転回形の数字付和音は $\frac{6}{5}$ （五六）、第三転回は $\frac{6}{4}{2}$ 又は $\frac{4}{2}$ （二四）です。

5-2 副七の和音の解決

副七の和音は、その根音よりも四度上（又は五度下）に根音を有する和音に進行することによって解決されます。

［副七和音］（解決）　　　［副七和音］（解決）

第一転回形では第三音が最低音に、第七音は第三音から五度上になっています。原則的にはベースの第三音は二度上に、五度上の第七音は二度下に、進行させます。しかし第三音は導音ではないので、下行でもかまいません。

第三転回形は基本和音（完全五度）の第一転回に進むことで解決されます。例えば、DFAC の第三転回形 CDFA は、GBD の第一転回形 BDG によって解決されます（譜例左）。

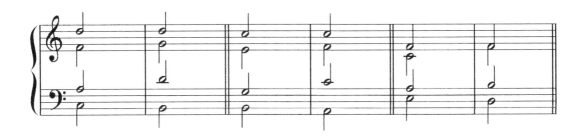

七の和音よりさらに音数の多い和音がありますが、それについて述べる前に音の進行や曲の終止に関する問題について解説します。

6. 移調と転調

6-1 移 調

楽曲の音の高さを全体として変更する必要があることがあります。既定の調の旋律を、それより高い又は低い調に書き換えることを**移調**と言います。元の楽譜に変化記号が用いられていないときは、移調は極めて容易で、先ず新しい調号を書いた上で、音程の差だけずらして旋律を書き変えればよい。例えばニ長調からト長調に移調する場合は、ニ長調とト長調の差は四度ですから、全ての音を四度ずつ高くすればよいのです。

元の楽譜中に変化記号が用いられているときは、まず変化記号に関係なく、取りあえず全体を、移調に必要な音の差だけ上下しておき、それぞれの変化記号をどう変えればよいかを考えます。例えば、へ調からホ調へ移調するときは、音の差は 2 度ですから全部の音を 2 度低くし、移調前および後の調号と同じ位置にある変化記号を、本位記号、重嬰記号又は重変記号に変更すればよいのです。

6-2 転 調

　楽曲に変化を与えて趣きを加えるため、途中から当初の調を異なる調に変えることがあります。これを**転調**と言います。転調に次の三種類があります。

　　（一）　自然転調

　　（二）　異属転調

　　（三）　エンハーモニック転調

　それぞれの説明をする前に、関係する調について説明の必要があります。二つの調が全て（又はほとんど全て）同じ音で構成されるとき、それらは**関係する調**又は**近親調**であると言います。例えば、ハ長調とト長調は F# 以外の音が全て共通ですから、ハ長調とト長調は関係する調です。

　全ての長調について、主音の三度下の音を主音とする短調は、その長調の**平行調**であると言い、関係調の一つです。その反対もあります。例えば、ハ長調とイ短調、ト長調とホ短調、ヘ長調とニ短調は、それぞれ**平行調**であり、関係する調です。ハ長調とト長調が関係する調であることから、ハ長調とホ短調も、関係する調とされます。まとめると次の表の通りです。

ハ長調の関係する調	（長調）	（短調）
	———	イ短調
	ト長調	ホ短調
	ヘ長調	ニ短調

長調の関係する調	（長調）	（短調）
	———	六度音の短調
	属音の長調	三度音の短調
	下属音の長調	二度音の短調

ハ短調の関係する調	（長調）	（短調）
	変ホ長調	
	変ロ長調	ト短調
	変イ長調	ヘ短調

イ短調の関係する調	**（長調）**	**（短調）**
	ハ長調	———
	ト長調	ホ短調
	ヘ長調	ニ短調

短調の関係する調	（長調）	（短調）
	短三度音の長調	———
	短七度音の長調	属音の短調
	短六度音の長調	下属音の短調

自然転調

　自然転調は前の調に関係する調へ転調することで、最も多用されます。転調に際しては、新しい調に関係ある音を含む和音を介在させて行います。介在させる和音は、通常、転調後の調の属和音、特に属基本和音及び属七和音です。その後に、転調後の調の和音を配します。以下に、

（1）ハ長調からト長調へ　（2）ハ長調からヘ長調へ　（3）ハ長調からイ短調へ
（4）ハ長調からホ短調へ　（5）ハ長調からニ短調へ
それぞれ転調の例を示します。

異属転調

異属転調は、関係する調以外への転調です。

エンハーモニック転調

音階上の異名同音を利用し、一音又は数音を変化させた上で次の調へ進む
ことを**エンハーモニック転調**と言います。

7. 和音の進行（その二）

7-1 終止法

終止法とは、旋律又は楽曲の切れ目又は段落において区切りを表現するた
め適用される、和音の連結させ方です。終止法には以下の４種類あります[4]。
（1）完全終止　（2）変格終止　（3）半終止　（4）偽終止
[4]『新しい和声』林達也著（アルテスパブリッシング）

完全終止は属和音の基本形から主和音の基本形へ進行させる終止です。低音に根音が続けて用いられます。曲の終りや、楽句（フレーズ）の終りに用いられます。

　変格終止は、例えば下属基本和音（IV）から主基本和音（Ⅰ）へ進行させる形（譜例左）です。平穏とか荘厳の印象を与えるので、教会音楽によく用いられています（例えば、ヘンデルのハレルヤコーラス）。

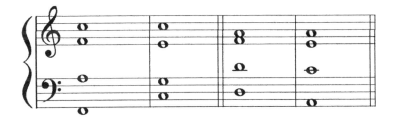

（譜例の右は、イ短調和音IVから和音Ⅰへ進む変格終止の例です）
　半終止は、属基本和音による終止です。先行する和音は何でもよいのですが、主基本和音が多く用いられています。終止として、やや不完全な感じを与えるため、曲の途中で用いられることが多くなっています。

属和音から主和音以外の和音へと進む終止を**偽終止**と言います。主和音以外の和音としては、六度（ハ長調なら A）を根音とする基本和音が多く用いられます。偽終止は充分な終止感を与えないので、曲の途中の一区切りとして、次の進行に移ろうとするときに用います。

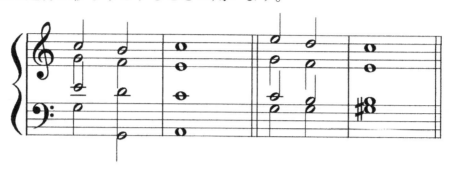

以上四つのほかに不完全終止と呼ばれているものがあります。**不完全終止**は、属和音から主和音への終止形において、いずれか一方が転回形になっている終止形です。例えば、属和音の基本形から主和音の第一転回形へ、あるいは属和音の転回形から主和音の基本形へと、進行させる終止です。

7-2 反復進行

いくつかの音の、旋律あるいは和声に関する一定の型が、規則的に変化しながら連続するとき、**反復進行**と言います。例えば、

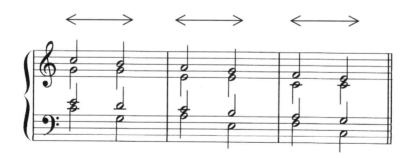

この例では、和音２個ずつの連結が３小節続いています。その都度、第一の和音から第二の和音に向かってソプラノとテノールは２度下へ、バスは四度下へ、アルトは同じ音を保っています。次の小節では、この形のまま全体として当初より三度下がり、三小節目はさらに三度下がっています。このように楽譜の上で最初の相対関係を保ったまま、一定の規則で変化しながら連続するとき、**全音的反復進行**と呼ばれます。

初めの型が、形の上だけでなく、その性質（長調、短調など）を保って規則的な変化を繰り返しながら連続する進行は、**実質的反復進行**または**転調的反復進行**と呼ばれます。次はその例で、反復に伴って二度の上下はあるが、長調と短調が混在せず、長調が維持されています。

　全音的反復進行に比べ、実質的反復進行はあまり用いられません。
　反復進行にもいろいろ規約がありますが、重要なのは「基本和音の第二転回を用いてはならない」ことです。

8. 非和声音

8-1 経過音

　音楽に彩りを添えるため、一つの和音の音と次の和音の音の間に、どちらの和音にも属さず、前の音から二度（半音を含む）上か下の音が置かれることがあります。これは**経過音**と呼ばれます。多くの場合旋律以外のパートで用いられますが、旋律パートに用いられることもあります。

8-2 補助音（刺繍音）

　二つの同じ音の間に、その和音に属しない二度上または下の音が置かれるとき、間の音は**補助音**または**刺繍音**と呼ばれます。前後の音より補助音を高くするとき、上げ幅は全音、半音どちらでもかまいません。下げるときには、前後の音が長三度の音（D, E, G, A, B 但しハ長調で）であれば全音、半音どちらにもできますが、前後の音が短三度（F, C 但しハ長調で）の場合には半音の下げに限られます。例えば、前後の音がAの場合、[A-G#-A], [A-G-A]のいずれも使えますが、前後にある音がFの場合は [F-E-F]（半音下げ）しか使えません。

8-3 掛留音

　連続する小節の間で和音が連続又は変化する際に、前の小節の最後の音が次の小節まで延長され、その後次の小節の和音に従う音に移るとき、この延長される音を**掛留音**（けいりゅうおん）と呼びます。延長された音が次の小節の和音に対して不協和であれば、解決する必要があるので、次の小節の和音に属する音へ二度（上又は下）進ませます。例えば、

この例（右側）では、先の小節のソプラノのD音は、次の小節まで延長され、その後の音でCに移っています。前の小節はGの和音（V）、後の小節はCの和音（Ⅰ）で、延長されたDの音は後の小節の和音に合っていませんから、小節後半では二度下のCに移っています。

　掛留音は**タイ**の記号⌒で示されます。掛留音は前の小節の和音の何れの音でもよいのですが、実際に使われるのは後続の和音の九度、四度、第三音から五度上の音などです。

（四度の例）

（九度の例）

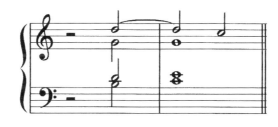

（第三音から五度の例）

8-4 先行音（先取音）

　次の和音に属する音が、前の小節の和音に続き先行して奏されることがあり、これを**先行音**（又は**先取音**）と言います。掛留音の場合には、前の和音のある音（次の和音に合わない）を次の小節まで延長するのに対して、先行音は、前の小節の中で、次の小節の和音に属する音を先行して（和音に合わなくても）奏するもので、この点で掛留音と異なります。

8-5 変化音

　ある和音の後に二度ないし三度跳躍する音を配し、結局元の和音に属する音に戻るようにすることがあります。このような、中間に配される音を**変化音**と言います。元の和音に属する音に戻ることが条件とされます。

　（註）右の二例は、元の音から二度上下するだけであるため、現代では**複刺繍音**として扱われます[5]。

　　[5]『和音外音』池内友次郎著（音楽之友社）

8-6 保続音

　一つの音部で同じ音が複数小節にわたって保たれ、他の和音はそれと結合しながら自由に進行するとき、保持される音を**保続音**と呼びます。低音部に現れることもあれば、高音部に現れることもあります。

　例えば

9. 九の和音

　基本和音は三和音、七の和音は4個の三度音を重ねた**四和音**です。5個の三度音を重ねた和音（五和音）は**九の和音**と呼ばれます。最低音と最高音の音程が九度になっているからです。九の和音としては、属音Gを根音とする**属九の和音**が多く用いられます。

9-1 属九の和音

　属九の和音は、属七の和音の上に、さらに三度の音を付加して作られます。付加される三度は短調、長調どちらでもよく、根音から九度上の第九音の選び方によって、短属九と長属九の二種の属九の和音が作れます。

　　　短属九和音　G－B＼D－F－Ab
　　　長属九和音　G－B＼D－F－A

　　　［短属九和音］［長属九和音］

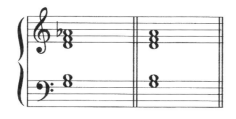

長調では短属九と長属九のどちらも用いられますが、短調では短属九和音しか用いられません。

　九の和音は五和音ですから、四声部の曲ではどれか一音を省略しなければなりませんが、根音が最低音になっているとき（基本形）は、通常、第五音が省略されます。例えば、

　　　(b)　　(t)　　(a)　　(s)
　　　G　－　B　－　F　－　A

属九の和音の解決

　属九の和音は不協和であるため、解決が必要とされます。解決には、第九音以外はその和音の同音に進み、第九音は根音（又はオクターブ）へ進むか、あるいは第三音（又はオクターブ）へ進むという方法があります。

次の例は、第九音から根音Gへ進む場合を示します。

いずれの場合でも、解決した結果がやはり属七の和音ですから、さらに解決される必要があります。解決のもう一つの方法は、直接、主和音へと進むことです。属七の和音の解決と同様、第三音は二度上へ、第七音は二度下へ進ませます。第九音（Ab, A）は二度下へ進みます。

属九の和音の転回

　属九の和音は4種類の転回を作ることができ、実際に楽曲に使うことが可能です。ただし、転回形では根音は省略されます。なぜなら、上に転回された根音は響きが乏しいからです。

原形	第一転回	第二転回	第三転回	第四転回
G-B-D-F-Ab	B-D-F-Ab	D-F-Ab-B	F-Ab-B-D	Ab-B-D-F
	（根音Gは省略）	（根音Gは省略）	（根音Gは省略）	（根音Gは省略）

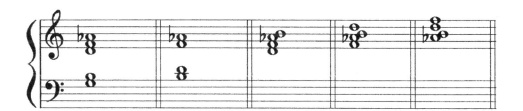

G-B-D-F-A   B-D-F-A

どの転回形でも解決は原形と同様になされます。例えば、第九音Ab又はA、第七音F、第三音Bは、原形の場合と同様の規則に従って解決されます。

9-2　副九の和音

副七の和音の上にさらに三度の音を付加することにより、**副九の和音**が作られます。副九の和音は、根音の四度上の音を根音とする基本和音により解決されます。

第九音は先行する和音の協和音である（予備される）ことが要求されます。そして、次の音に向かって二度下がって解決されなければなりません。

（予備）　（副九）　　（解決）

G-C-G-E　D-C-F-A-E　G-B-F-D

副九の和音の転回形は理論上４種できますが、第九音を低音に用いることはできないため、第九音を低音とする第四転回を除き、第三転回までの三種となります。属九の場合と同様、転回形では根音は省略されます。

10. 十一の和音

<u>属十一の和音</u>

　属九の和音の上にさらに三度の音を付加することにより、**属十一の和音が**得られます。多くの場合、第三音と第五音は省略されます。十一の和音は九の和音に比べ稀にしか使用されません。

　属十一の和音の解決には、根音から十一度の音以外はそのままに保ち、十一度の音は第三音（のオクターブ）か第五音（のオクターブ）に進むようにします（註を参照）。主和音（Ｉ）またはＤの上の七の和音（Ⅱ7）を用いてもよく、この場合十一度の音は同じ音に進ませます。

　属十一の和音の転回形は５種存在しますが、そのうち第一転回はほとんど用いられません。

　（註）第三音または第五音へ進行する十一度音は、現代では変化音として扱われています。

11. 十三の和音

　十三の和音も、九の和音に比べ稀にしか使用されません。しかしラヴェルの作品では十一の和音や十三の和音が効果的に用いられており、作品の特徴にもなっています。

　属十一の和音の上にさらに短三度または長三度の音を付加すると、**属十三の和音**が得られます。属十一に短三度を付加した短十三度と、長三度を付加した長十三度とがあります。音の省略なしの形を示すと、

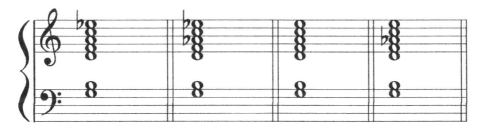

省略と転回

　属十三の和音では多くの場合、第七音、第九音（根音から九度）と第十一音は省略され、根音、第三音、および十三度の音（又はそれらと第五音）で構成されます。第五音と第十一音が省略される場合もあります（ポピュラー音楽）。

　転回形は 6 個存在しますが、十一度が最低音になる第五転回はほとんど用いられません。

　（註）属十一の和音と同様に、現代では属十三の和音の十二度を変化音として扱います。

12. 増六の和音

　増六の和音は短六度 (ハ長調なら Ab) および短二度 (ハ長調なら Db) を低音として作られ、和音としては、例えばト長調の属七 DF#AC の第五音 A が Ab に変質した形です。短六度を低音とするものが多く用いられます。

増六の和音は主に次の3通りの形で利用されます。
  (1) 根音；三度；増六度（根音から）　　　**（イタリー六度）**
  (2) 根音；三度；四度；増六度　　　　　　**（フランス六度）**
  (3) 根音；三度；完全五度；増六度　　　　**（ドイツ六度）**
短六度（Ab）を根音とする実際の和音は

(1) イタリー六度　(2) フランス六度　　(3) ドイツ六度

　　　Ab-C-F#　　　　Ab-C-D-F#　　　　　Ab-C-Eb-F#

いずれの場合も音の重複は許されませんが、例外としてイタリー六度の第三音
だけは重複が許されます。すなわち Ab-C-C-F#（又は Ab-C-F#-C）は可能です。

増六和音の解決

　短六度(Ab)の上に作られる増六和音の解決には、4通りの方法があります。
  (1) 主和音の転回形で
  (2) 属和音の基本形で
  (3) 短調属九和音の第四転回形で
  (4) 上主音 D 上の不協和音で
このうち (1) か (2) が普通に用いられます。以下、左側は (1) による解決、
右側は (2) による解決の例を示します。

　　　イタリー六度　　　（1）による解決　　　　（2）による解決

　　　Ab-C-F# → G-C-E-G →　　　　　Ab-C-F# →

　　　　　　　G-B-D-G　C-C-E-G　　　　G-B-D-G C-C-E

フランス六度　　　（1）による解決　　　　　（2）による解決

Ab-C-D-F#　　G-C-E-G →　　　　　　　　Ab-C-D-F# →

G-B-D-G　C-C-E-G　　　　　　G-B-D-G　C-C-E

ドイツ六度　　　（1）による解決　　　　　（2）による解決

Ab-C-Eb-F#　G-C-E-G →　　　　　　　Ab-C-Eb-F# →

G-B-D-G　C-C-E-G　　　（Ab-C-D-F#）G-B-D-G　C-C-C-E

13. 半音和音（借用和音）

　楽曲の途中で転調する場合に、どの和音も原則として転調前の調か転調後の調に属していなければなりません。ところが、転調前の小節で調に属さない音が含まれ、それが転調のために置かれたものではないとき、このような和音を**半音和音（借用和音）**と呼びます。半音和音と言っても、必ずしも半音を含むわけではありません。次の譜例で説明します。

(a) ハ長調 _____ ト長調 _____   (b) ハ長調 _____ ハ長調 _____

(a) では第一小節の F# はハ長調からト長調への転調のために置かれたもの
ですが、(b) では第一小節の F# は F に戻り、第二小節もハ長調のままです。
このようなとき、この F# の音を含む和音が半音和音です。

　長調でも短調でも使用できる半音和音は（イ）基本長三和音 II （D-F#-A）
と（ロ）短二度上の基本長三和音（Db-F-Ab）です。

　半音和音として（イ）を長調で用いる場合には三度を、短調で用いる場合
には三度と五度を、それぞれ半音変化させます（F → F#, Ab → A）。三度音
（F#）は調の主音（C）から増四度に当たるので、重複させてはいけません。
転調の効果を生じないようにするためには、三度音（F#）を幹音 * （F）に
進行させるか、あるいは後続の和音として基本三和音 I を用います。

（註）＊変化記号のない音

　次に、長調の場合（一）と短調の場合（二）の例を示します。

　　　　　（一）長調　　　　　　　　　　　（二）短調

　　　　（D-F#-A）　　　　　　　　　　　（D-F#-A-C）

　半音和音は第一転回形も用いることができます。

Db を根音とする半音和音 Db-F-Ab（上記（ロ））では、第三音 F を重複させることもでき、次に来る和音に制約はありません。この半音和音 DbFAb の第一転回形 FAbDb は**ナポリ式六度**と呼ばれ、しばしば用いられます。

　D を根音とする半音基本和音（先の譜例（一）（二））の上に短三度を付加すると、D を根音とする**七の半音和音**を作ることができます。この半音和音の後に来る和音として、主基本和音 I（基本形又は転回形）を用いることができます。また、主長基本和音の上に根音（C）から短七度の音を付加すると、C を根音とする七の半音和音が得られます。C または D を根音とする七の半音和音は、長調短調いずれでも用いることができます。

14. 不協三和音

　例えば、短調の中音 Eb の上に作られる三和音（Eb-G-B）は、根音 Eb と第五音 B の間の音程が増五度ですから、不協和音であり、このような三和音は**不協三和音**と呼ばれます。不協和音である第五音は、協和音により予備される（同じ音の協和音が先行する）こと、二度上へ進行して解決することが、要求されます。このような不協三和音の解決は、根音の四度上の音（上の例では Ab）を根音とする基本和音を用いれば可能です。例えば、

　不協三和音は原形だけでなく、第一転回形でも用いられます。そして、第三音（上の例では G）の重複が可能です。

付　録

調の構造

（法則性に注目）

長調

		主音	上主音	中音	下属音	**属音**	上属音	導音
[#系]		I	II	III	IV	V	VI	VII
ハ長調	C major	C	D	E	F	G	A	B
ニ長調	D major	D	E	*F#*	G	A	B	*C#*
ホ長調	E major	E	F#	*G#*	A	B	C#	*D#*
嬰ヘ長調	F# major	F#	G#	*A#*	B	C#	D#	*E#(F)*
ト長調	G major	G	A	B	C	D	E	*F#*
イ長調	A major	A	B	*C#*	D	E	F#	*G#*
ロ長調	B major	B	C#	*D#*	E	F#	G#	*A#*
嬰ハ長調	C# major	C#	D#	*E#(F)*	F#	G#	A#	*B#(C)*
[b系]								
ハ長調	C major	C	D	E	F	G	A	B
変ロ長調	Bb major	*Bb*	C	D	*Eb*	F	G	A
変イ長調	Ab major	*Ab*	Bb	C	*Db*	E b	F	G
変ト長調	Gb major	*Gb*	Ab	Bb	*B (Cb)*	Db	E b	F
ヘ長調	F major	F	G	A	Bb	C	D	E
変ホ長調	Eb major	*Eb*	F	G	*Ab*	Bb	C	D
変ニ長調	Db major	*Db*	Eb	F	*Gb*	Ab	Bb	C
変ハ長調	Cb major	Cb (B)	Db	Eb	*Fb (E)*	Gb	Ab	Bb

斜字は新たな変化記号

短調　（和声的短音階）

		主音	上主音	中音	下属音	**属音**	上属音	導音
		i	ii	iii	iv	v	vi	vii
イ短調	A minor	A	B	C	D	E	F	G#
ホ短調	E minor	E	*F#*	G	A	B	C	D#
ロ短調	B minor	B	*C#*	D	E	F#	G	A#
嬰ヘ短調	F# minor	F#	*G#*	A	B	C#	D	E#(F)
嬰ハ短調	C# minor	C#	*D#*	E	F#	G#	A	B#(C)
嬰ト短調	G# minor	G#	*A#*	B	C#	D#	E	F+(G)
ニ短調	D minor	D	E	F	G	A	*Bb*	C#
ト短調	G minor	G	A	Bb	C	D	*Eb*	F#
ハ短調	C minor	C	D	Eb	F	G	*Ab*	B
ヘ短調	F minor	F	G	Ab	Bb	C	*Db*	E
変ロ短調	Bb minor	Bb	C	Db	Eb	F	*Gb*	A
変ホ短調	Eb minor	Eb	F	Gb	Ab	Bb	*Cb(B)*	D

斜字は新たな変化記号

旋律的短音階 （上行）

[＃系]

			全	半	全	全	全	全	半
ハ短調	C minor	C		D	Eb	F	G	A	B
二短調	D minor	D		E	F	G	A	B	C#
ホ短調	E minor	E		F#	G	A	B	C#	D#
嬰ヘ短調	F# minor	F#		G#	A	B	C#	D#	F (E#)
ト短調	G minor	G		A	Bb	C	D	E	F#
イ短調	A minor	A		B	C	D	E	F#	G#
ロ短調	B minor	B		C#	D	E	F#	G#	A#
嬰ハ短調	C# minor	C#		D#	E	F#	G#	A#	C (B#)

[b系]

			全	半	全	全	全	全	半
ハ短調	C minor	C		D	Eb	F	G	A	B
変ロ短調	Bb minor	Bb		C	Db	Eb	F	G	A
変イ短調	Ab minor	Ab		Bb	B (Cb)	Db	Eb	F	G
変ト短調	Gb minor	Gb		Ab	A	B	Db	Eb	F
ヘ短調	F minor	F		G	Ab	Bb	C	D	E
変ホ短調	Eb minor	Eb		F	Gb	Ab	Bb	C	D
変ニ短調	Db minor	Db		Eb	E (Fb)	Gb	Ab	Bb	C
変ハ短調	Cb minor	Cb		Db	D	E (Fb)	Gb	Ab	Bb

和声的短音階

[＃系]

			全	半	全	全	半	増二度 *	半
ハ短調	C minor	C		D	Eb	F	G	Ab	B
二短調	D minor	D		E	F	G	A	Bb	C#
ホ短調	E minor	E		F#	G	A	B	C	D#
嬰ヘ短調	F# minor	F#		G#	A	B	C#	D	F (E#)
ト短調	G minor	G		A	Bb	C	D	Eb	F#
イ短調	A minor	A		B	C	D	E	F	G#
ロ短調	B minor	B		C#	D	E	F#	G	A#
嬰ハ短調	C# minor	C#		D#	E	F#	G#	A	C (B#)

[b系]

			全	半	全	全	半	*	半
ハ短調	C minor	C		D	Eb	F	G	Ab	B
変ロ短調	Bb minor	Bb		C	Db	Eb	F	Gb	A
変イ短調	Ab minor	Ab		Bb	B (Cb)	Db	Eb	E	G
変ト短調	Gb minor	Gb		Ab	A	B	Db	D	F
ヘ短調	F minor	F		G	Ab	Bb	C	Db	E
変ホ短調	Eb minor	Eb		F	Gb	Ab	Bb	B	D
変ニ短調	Db minor	Db		Eb	E (Fb)	Gb	Ab	A	C
変ハ短調	Cb minor	Cb (B)		Db	D	E (Fb)	Gb	G	Bb

和音の転回

		I	V	IV	VII	VI	II	III
[長調]		主和音	属和音	下属和音		上属和音	上主和音	中和音
		長三和音	長三和音	長三和音	減三和音	短三和音	短三和音	短三和音
八長調	基本形	CEG	GBD	FAC	BDF			
	第一転回形	EGC	BDG	ACF	DFB			
	第二転回形	GCE	DGB	CFA				
ト長調	基本形	GBD	DF#A	CEG	F#AC			
	第一転回形	BDG	F#AD	EGC	ACF#			
	第二転回形	DGB	ADF#	GCE				
ニ長調	基本形	DF#A	AC#E	GBD	C#EG			
	第一転回形	F#AD	C#EA	BDG	EGC#	短調を参照		
	第二転回形	ADF#	EAC#	DGB				
イ長調	基本形	AC#E	EG#B	DF#A	G#BD			
	第一転回形	C#EA	G#BE	F#AD	BDG#			
	第二転回形	EAC#	BEG#	ADF#				
ヘ長調	基本形	FAC	CEG	BbDF	EGBb			
	第一転回形	ACF	EGC	DFBb	GBbE			
	第二転回形	CFA	GCE	FBbD				
変ロ長調	基本形	BbDF	FAC	EbGBb	ACEb			
	第一転回形	DFBb	ACF	GBbEb	CEbA			
	第二転回形	FBbD	CFA	BbEbG				
変イ長調	基本形	AbCEb	EbGBb	DbFAb	GBbDb			
	第一転回形	CEbAb	GBbEb	FAbDb	BbDbG			
	第二転回形	EbAbC	BbEbG	AbDbF				

		i	v	iv	vi	ii	iii	vii
[短調] *		主和音	属和音	下属和音	上属和音	上主和音	中和音	
		短三和音	長三和音	短三和音	長三和音	減三和音	増三和音	減三和音
イ短調	基本形	ACE	EG#B	DFA	FAC	BDF	CEG#	G#BD
	第一転回形	CEA	G#BE	FAD	ACF	DFB		BDG#
	第二転回形	EAC	BEG#	ADF				
ホ短調	基本形	EGB	BD#F#	ACE	CEG	F#AC	GBD#	D#F#A
	第一転回形	GBE	D#F#B	CEA	EGC	ACF#		F#AD#
	第二転回形	BEG	F#BD#	EAC				
ニ短調	基本形	DFA	AC#E	GBbD	BbDF	EGBb	FAC#	C#EG
	第一転回形	FAD	C#EA	BbDG	DFBb	GBbE		EGC#
	第二転回形	ADF	EAC#	DGBb				
ハ短調	基本形	CEbG	GBD	FAbC	AbCEb	DFAb	EbGB	BDF
	第一転回形	EbGC	BDG	AbCF	CEbAb	FAbD		DFB
	第二転回形	GCEb	DGB	CFAb				
ト短調	基本形	GBbD	DF#A	CEbG	EbGBb	ACEb	BbDF#	F#AC
	第一転回形	BbDG	F#AD	EbGC	GBbEb	CEbA		ACF#
	第二転回形	DGBb	ADF#	GCEb				
ヘ短調	基本形	FAbC	CEG	BbDbF	DbFAb	GBbDb	AbCE	EGBb
	第一転回形	AbCF	EGC	DbFBb	FAbDb	BbDbG		GBbE
	第二転回形	CFAb	GCE	FBbDb				

＊（和声的短音階）

各調の属七の和音

[長調]

調	(Eng)	属七の和音	調号
ハ長調	C major	GBDF	
ト長調	G major	DF#AC	#
ニ長調	D major	AC#EG	##
イ長調	A major	EG#BD	###
ヘ長調	F major	CEGBb	b
変ロ長調	Bb major	FACEb	bb
変ホ長調	Eb major	BbDFAb	bbb
変イ長調	Ab major	EbGBbDb	bbbb

[短調]

調	(Eng)	属七の和音	平行調
イ短調	A minor	EG#BD	ハ長調
ロ短調	B minor	F#A#C#E	ニ長調
ホ短調	E minor	BD#F#A	ト長調
ハ短調	C minor	GBDF	変ホ長調
ニ短調	D minor	AC#EG	ヘ長調
ヘ短調	F minor	CEGBb	変イ長調
ト短調	G minor	DF#AC	変ロ長調

副七の和音

[長調]

調	(Eng)	例1	例2	例3
ハ長調	C major	CEGB	EGBD	BDFA
ト長調	G major	GBDF#	BDF#A	F#ACE
ニ長調	D major	DF#AC#	F#AC#E	C#EGB
イ長調	A major	AC#EG#	C#EG#B	G#BDF#
ヘ長調	F major	FACE	ACEG	EGBbD
変ロ長調	Bb major	BbDFA	DFAC	ACEbG
変ホ長調	Eb major	EbGBbD	GBbDF	DFAbC

長-短-長　短-長-短　短-短-長

[短調]　（和声的短音階）

調	(Eng)	例1
イ短調	A minor	ACEG#
ホ短調	E minor	EGBD#
ニ短調	D minor	DFAC#
ハ短調	C minor	CEbGB
ト短調	G minor	GBbDF#
ヘ短調	F minor	FAbCE

短-長-長

終止法

種別	直前小節	最終小節	備　考
完全終止	属和音 基本形	主和音 基本形	
変格終止	下属和音 （基本和音）	主和音	
偽終止	属和音	主和音以外 VI基本和音等	主に曲の途中
半終止	主基本和音等	属和音 （基本和音）	曲の途中
不完全終止	属和音 基本形→ 転回形→	主和音 転回形（第一） 基本形	

五度圏

　長音階および短音階の各調の関係を理解するために作られたもので、時計の目盛のように円周を 12 等分し、互いに完全五度の関係にある調を順次示した図[6] です。ここでは長音階のものを示します。

[6] 橋本國彦・下総皖一『模範音楽通論』（全音楽譜出版社）p.69

［五度圏（日本語表示）］[7]

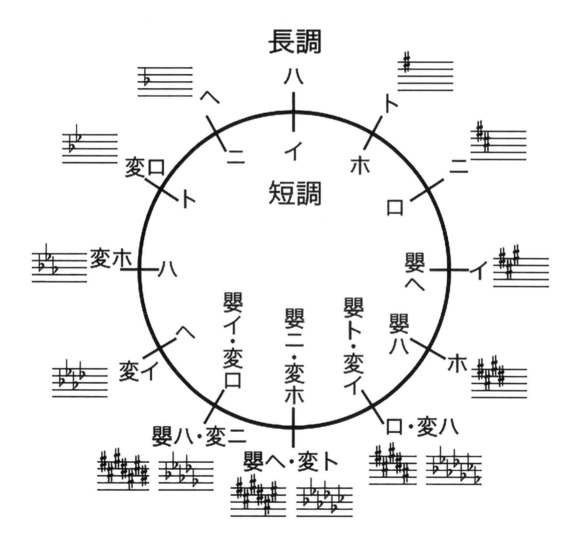

7) Wikipedia『五度圏』

各調の主音の関連図

（ ~~網かけ~~ は半音の変化を示す）

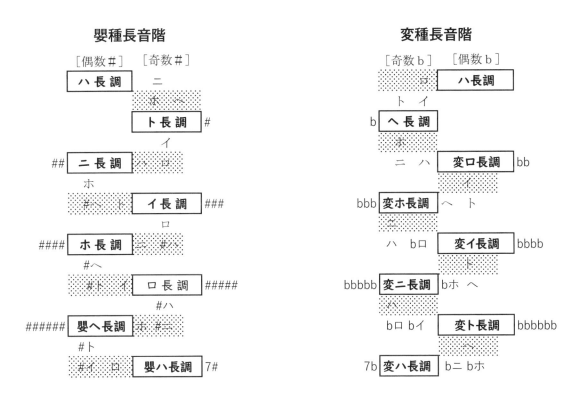

索 引

〈編著者紹介〉

末松　登（すえまつ　のぼる）

東京大学理学部卒

上場企業で商品開発に従事

1957 年より 3 年間フルート演奏の手ほどきを受ける

2000 年よりフルートの練習を再開

2002 年より 3 年間アマチュア主体のフルートオーケストラに参加

2005 年有志によるフルートアンサンブルの結成に参加、2007 年以後運営の中心となり

介護施設等での慰問演奏を続け、現在に至る

2009 年以降合奏用楽譜の作成を担当

2019 年初めより楠知子氏に和声学の指導を受ける

〈監修者紹介〉

楠　知子（くすのき　ともこ）

東京芸術大学作曲科卒業

作曲を池内友次郎、矢代秋雄、佐藤真、永富正之、原博の各氏に師事

ピアノを石澤秀子氏、岡本暁子氏に師事

Ecoles d'art Americaines Palas de Fontainebleau 修了

日本音楽集団研究集団修了、インディアナ大学作曲科に留学

日本現代音楽協会会員、日本作曲家協議会会員、日本音楽著作権協会信託者

ガウデアムス国際コンクールオーケストラ部門および室内楽部門入選

誰でもわかる
和音のしくみ

定価（本体1455円＋税）

乱丁・落丁はお取り替えします。

2020年5月24日初版第1刷印刷
2020年5月30日初版第1刷発行

編　著　末松　登
監　修　楠　知子
発行者　百瀬精一
発行所　鳥影社 (www.choeisha.com)
〒160-0023　東京都新宿区西新宿3-5-12トーカン新宿7F
電話 03-5948-6470, FAX 03-5948-6471
〒392-0012　長野県諏訪市四賀229-1(本社・編集室)
電話 0266-53-2903, FAX 0266-58-6771
印刷・製本　シナノ印刷
© SUEMATSU Noboru 2020 printed in Japan
ISBN978-4-86265-817-3　C1073